뜨거웠던 여름 아래

Part I. 내일이면 추억이 될 오늘을 위하여

뜨거웠던 여름 아래
PartⅠ. 내일이면 추억이 될 오늘을 위하여

초판 1쇄 발행 2024년 7월 8일

지은이 주진희
펴낸이 장현수
펴낸곳 메이킹북스
출판등록 제 2019-000010호

디자인 이정아
편집 이정아
교정 강인영
마케팅 김소형

주소 서울특별시 구로구 경인로 661, 핀포인트타워 912-914호
전화 02-2135-5086
팩스 02-2135-5087
이메일 making_books@naver.com
홈페이지 www.makingbooks.co.kr

ISBN 979-11-6791-565-8(03810)
값 16,800원

ⓒ 주진희 2024 Printed in Korea

※이 책에는 'Mapo 금빛나루체'가 사용되었습니다.

잘못된 책은 구입하신 곳에서 바꾸어 드립니다.
이 책의 전부 또는 일부 내용을 재사용하려면 사전에 저작권자와 펴낸곳의 동의를 받아야 합니다.

홈페이지 바로가기

메이킹북스는 저자님의 소중한 투고 원고를 기다립니다.
출간에 대한 관심이 있으신 분은 making_books@naver.com으로 보내 주세요.

뜨거웠던 여름 아래

Part I. 내일이면 추억이 될 오늘을 위하여

주진희 에세이

메이킹북스

Part I. 내일이면 추억이 될 오늘을 위하여
뜨거웠던 여름 아래

Part I. 내일이면 추억이 될 오늘을 위하여

뜨거웠던 여름 아래

Part I. 내일이면 추억이 될 오늘을 위하여

뜨거웠던 여름 아래

Part I . 내일이면 추억이 될 오늘을 위하여

뜨거웠던 여름 아래

Part I. 내일이면 추억이 될 오늘을 위하여

목차

Prologue   16

제1장 삶의 궤적
Connect the Dots   27

초여름을 닮은 아이   36
스물   38
열정   41
졸업   42
사명감   43
새벽 5시의 알람   45
업글인간   48
도전이 주는 힘   51

꺾이지 않는 마음	55
전부를 건다는 것은	58
여행과 정착	68
쪽팔림을 견디는 일	70
간절함을 이길 수 없는 이유	72
꿈을 대하는 자세	77
아메리칸 드림	81
오빠에게	86
끝과 시작	88

제2장 청춘의 색

Querencia   **101**

바닷속을 유영하는 인어	104
공항으로 가는 길	105
이 또한 여행이겠지	107
길 위에서 만난 인연	110
그레이트 오션 로드	114
오! 나의 호주	115
느린 여행의 장점	120
창가 자리	122
백두산에서 생긴 일	124

Really hit the spot	129
팽 오 쇼콜라	130
템플 스테이	132
리틀 포레스트	135
내 손을 잡아	137
지구엔 저마다 제자리가 있단다	142
성장통	146
너는 나의 자랑	148
사랑	150

제3장 태도의 우아함

仁義禮智信(인의예지신)	157
인생의 아이러니	160
삶과 죽음	161
관계의 이상형	164
나에게도 봄이 올까요	166
기적	169
스포일러	172
오래도록 기억하는 법	174
모퉁이	176

때로는 T가 좋아요	177
이기적인 바람	179
운명	181
One for All, All for One	187
나의 이별	190
떠난 이의 몫	191
내일이면 추억이 될 오늘을 위하여	194
Epilogue	199

Prologue

나의 삶을 쓴다.

살기 위해서 높고 높은 목표를 세웠고,
돈은 못 벌어도 꿈 하나만으로 배를 채우며 지냈다.

삶과 죽음이 주는 인생의 소중함을 깨닫기 위해
세상을 원 없이 방랑하기도 했으며
서로의 청춘에 만나
바닥에서부터 고군분투하며
눈부신 성장기를 함께한 사랑도 했었다.

철없고 모든 것들에 미숙했던 내가
추억을 소중히 간직하되
관계를 성숙하게 마무리 짓는 법을 배우고
영원한 건 없기에 모든 순간에 충실하며
찰나의 감정들을 귀하게 여길 줄 아는
그런 어른이 되었다.

가장 젊은 날,

필연을 가장한 우연으로 만나

각자만의 장르를 치열하게 주고받으며

한 시절의 페이지를 완성할 수 있어 영광이었다.

인생을 칠해준 모든 이들에게

이 글을 바친다.

뜨거웠던 여름 아래

Prologue

뜨거웠던 여름 아래

Prologue

뜨거웠던 여름 아래

Prologue

'나에게 한계가 있다.' 생각지 말고
일상의 모든 영역에서
도전을 시도해 보라 말했다.

열정을 품어 보라고 했다.
그러면 길이 보일 거라고.

제1장 삶의 궤적

Connect the Dots

미국으로 떠난 후 대략 1년 만에 한국행을 택했다.
꿈도 사람도 잃었던
생애 가장 힘겨웠던 여정이었다.

어찌 되었든 해외에서 살아 보니 고향이 최고였고 무엇보다 내가 한국인이라는 사실에 진심으로 감사했다.

보금자리가 주는 안정감이란 이런 거구나 싶었다.
미국은 마음 둘 곳 하나 없는, 그렇다고 해서 마음 편히 울 수도 없는 그런 곳이었다. 트라우마 자체가 되어 버린 이곳에 계속 있다간 정말 죽을 수도 있다고 생각했다.

살고 싶었다.
그래서 비행기에 몸을 실었다.

한국의 겨울은 예년보다 더 추워진 느낌이었다. 내리자마자 온몸이 얼어 버렸다. 365일 내내 햇볕이 내리쬐는 캘리포니아 날씨에 익숙했던 나는 독감과 곧바로 친구가 될 것 같다는 예감이 팍 왔다.

그래도 괜찮다. 시간이 지나면 면역도 생기고 적응을 하니까.

고향으로 돌아왔다. 대학 진학과 동시에 집을 떠나온 지 9년 만이다. 여전히 변함없던 것은 가족들이었다. 미국에서도 얼굴을 보았건만 부모님은 마치 처음 만난 것처럼 날 꽉 끌어안았다.

친구들은 나를 매주 밖으로 불러냈다. 먹고 싶다고 했던 것들을 전부 기억하고는 부지런히 데려갔다.

그 누구도 돌아온 이유에 대해 먼저 묻지 않았다.
되레 고마웠다. 따뜻한 사람들.
존중과 예의는 이런 거다.

집에 와서 가장 먼저 한 일은 일기를 쓰는 것이었다. 감정을 녹여 쓰는 기록은 위로가 된다고 했다.

나는 그동안 꾹꾹 눌러왔던 말들을 절제하지 않고 모두 쏟아냈다. 처음 펜을 잡았을 땐 너무나 힘겨웠는데 다 뱉어내고 나니 마음이 한결 가벼워졌다. 엄마는 고생했다며 어깨를 토닥였다.

올해엔 아홉수다. 만 나이 제도가 시행되면서 다시 스물일곱 살이 되었지만 복잡해지는 게 싫은 나는 그냥 스물아홉 살로 살기로 했다.

새해 기념으로 늘 그랬듯 다이어리를 장만했고, 20대 마지막을 곱씹으며 5가지 버킷리스트도 세웠다.

그중 하나는 자서전 작업을 연내 마무리하는 것이었다. 나의 일대기를 출간하는 일은 스무 살 때부터 품어온 오랜 소망이었다. 아직은 때가 아니다 싶어 출간 시기를 미루고 미뤄왔는데, 올해가 적기라는 생각이 들었다.

날것의 경험을 쓰겠다는 것은 쉽지 않은 결정이었다. 차마 보이고 싶지 않았던 모습마저 과감히 공개한다는 것은 마치 알몸을 보여주는 것과 같으니까.

그럼에도 불구하고 이를 결심한 이유는 나를 다독이고 안아주기 위해서였다. 인간이 느낄 수 있는 감정들을 모조리 겪고 나니 나는 어떤 사람인가 의문을 갖게 됐다.

원초적인 질문에서 나아가 스스로를 진정으로 사랑하기 위해 할 수 있는 것은 무엇인지 끊임없이 물음표를 던졌다. 지금 이 순간 가장 낮은 곳에 서 있는 나를 견뎌내고 그러한 초라함마저도 포용하는 내가 되고 싶었다.

원고를 마무리할 때쯤엔 온전한 자신을 사랑하는 내가 되었으면 하는 바람이다. 부디 그런 날이 오기를 희망한다.

부족함이 없었던 나의 마을엔 많은 것들이 사라졌다. 가장 슬펐던 것은 온전히 내 것이라 여겼던 것들을 도려내는 일이었다.

마치 집이 무너진 기분이었다.

여전히 갈 곳을 잃은 나는 무엇이라도 채워야만 한다는 불안감에 허우적대며 다소 엉망인 삶을 살고 있지만, 그 꿈의 결말처럼 조타대만큼은 꼭 붙들고 나의 길을 항해하다 보면 언젠가 안정이라는 땅에 다시 집을 지을 수 있지 않을까.

그렇게 여긴다.

아주 오랜만에 꿈을 꿨다.
비바람이 몰아치던 바다를 지나니
맑디맑은 윤슬이 가득했다던
그런 이야기.

초여름을 닮은 아이
[태연(TAEYEON) - I(Feat.버벌진트)]

자신을 소개하는 일이 가장 쉬우면서도 어렵다고 생각했다. 취준생 시절, 자기소개서 항목을 볼 때마다 머리를 쥐어뜯으며 나를 형용할 수 있는 문구를 찾아 헤맸던 기억이 선명하다.

나는 누구인가.
나는 어떤 사람인가.

지금에서야 생각해 보니 어릴 적부터 나를 분석하는 시간을 사랑했다. 내가 몰랐던 모습을 발견할 때마다 무언가 터득했다는 성취감이 있었다.

나는 꿈과 열정에 목마른 사람이었다. 우주에서 가장 아름다운 행성을 여행하고 있다는 사실을 알게 된 후엔 이곳에 존재하는 모든 것들을 무한정 경험해 보고자 했다.

뛰어드는 것에 미쳐 있었다. 새로운 도전을 할 때면 두려움보다는 설렘이 컸다. 심장이 뜨거워지는 법을 사람들과 늘 공유하고 팠다. 그래서 인생의 전환점이 됐던 호주를 주변에 그렇게나 추천했다.

사람을 많이 좋아했다. 사람은 결코 혼자서 살아갈 수 없는 존재라 생각했다. 사랑을 못 받아도 사랑을 주는 것에 더 큰 만족을 느꼈다. 그래서 타인을 미워할수록 내 마음에 병이 들었다. 품는 연습을 닳도록 한 이유다.

모순이지만 인생은 결국 혼자라는 말에도 동감한다. 슬프게도 혼자였던 시간이 많았다. 그럴 때마다 홀로 일어서는 법을 강구하고 내 것으로 터득했다. 그래서 노래를 부르거나 글을 쓰는 것에 남다른 애정을 쏟았다. 스스로를 위로하고 위로받는 유일한 순간이라서.

나에게 일어나는 모든 일은 마땅한 의미가 깃든 것이라 생각했다. 종교가 없는 나마저도 이것만큼은 하늘의 계시라 여겼다.

그렇기에 쓸모없는 경험은 없다는 말을 머리와 가슴에 새겼다. 이는 'Connect the Dots.' 일명 '혁신의 아이콘'으로 회자되는 고 스티브 잡스가 스탠퍼드 대학교 졸업 축하 연설에서 했던 말과 일맥상통한다. 고작 '점'에 불과한 사건들로 여겨질지라도 모두 의미가 있는 연결 고리를 만나 자양분이 된다는 뜻이다.

아울러 나를 믿는다. 나로 의해 일어나는 모든 순간이야말로 인생이라 생각했다. 앞으로도 그렇게 살아가겠다고 다짐한다.

스물

[Imagine Dragons - Believer]

"나 자퇴할래."

대학에 입학한 지 고작 두 달이 지났을 무렵이었다. 첫 중간고사를 치렀던 날, 나는 학과에서 처참히 꼴찌를 했다. 하긴 성적에 맞춰 들어간 대학교와 전공이 재밌을 리가.

엄마는 내 말을 듣고선 한숨을 내쉬었다. 이유가 무엇이냐고 물을 때면 상상한 대학 생활이 아니라는 말만 되풀이했다.

스물.

많은 이들은 삶을 좌우하는 이정표라 칭하며 이때부터 인생의 방향성을 정하고 각자만의 목표를 설계한다.

그때의 나는 그러지 못했다. 무엇을 해야 할지, 어떤 것부터 시작해야 할지 나마저도 내 마음을 알 길이 없었다. 자퇴하면 계획이 어떻게 되냐는 친구들의 질문에 선뜻 답을 하지 못했다. 그것은 나를 더 혼란스럽게 만들 뿐이었다.

엄마는 조급해하지 말라고 했다.
조급함은 인생에 아무런 도움이 되지 않는다고.

무엇이든 상관없으니 최선을 다해 방랑하라고 했다. 열린 마음을 가지는 게 중요하다 가르쳤다. '나에게 한계가 있다.' 생각지 말고 일상의 모든 영역에서 도전을 시도해 보라 말했다.

그렇게 열정을 품어 보라고 했다. 그러면 길이 보일 거라고.

4년 뒤 나는 가장 화려한 꽃다발을 안은 채 졸업했다.
엄마는 길을 찾았냐고 물었다.
나는 미소 지으며 고개를 끄덕였다.

열정

[Justin Timberlake - Can't stop the feeling]

20대의 나는 열정을 밥 대신 먹으며 사는 사람이었다.

학사 경고를 받던 꼴통이 최상위 성적으로 장학금을 받았고 영어 한마디조차 하지 못했던 내가 지금은 각국의 사람들과 인연을 이어가고 있다.

새로운 도전을 겁냈던 애송이가 미국에서 홀로서기에 성공했고, 몸이 굳어 버릴 만큼 발표 공포증을 앓던 소심이가 전 세계를 무대로 버스킹을 하며 인생을 즐겼다.

열정은 그런 것이었다.

안 되는 것을 될 수 있게 하는
무에서 유를 창조할 수 있도록 만드는
살아 있음을 느끼게 해 주는
그런 뜨거운 마음.

졸업
[Queen - We Will Rock You]

눈시울이 붉어지고 시원섭섭한 기분이 드는 날이었다.

대학은 내게 인생을 가르쳐 준 배움터였다.

인생살이에 익숙하지 않은 우리가 한 치 앞을 모른 채 끊임없이 전진하는 게 한편으론 두렵고 겁이 나는 것은 사실이다.

허나 사람으로 태어나 무언가를 배우고 새로운 것에 뛰어들 수 있다는 것. 이 얼마나 황홀한 일인가.

이날 나는 또 하나의 커다란 관문을 통과했다.

사명감

[김지호 - M.A.E.S.T.R.O]

스물셋. 따뜻한 세상에서 살아가야 한다는 뜻 하나로 펜을 쥐었다. 글 하나가 누군가에게는 희망이 되기도, 삶을 바꾸는 원동력이 되기도 했다.

'기자(記者)'

이 두 글자는 가슴을 뜨겁게 만든다. 묘한 매력이 있는 업이다. 지난 6년간 이 길을 걸으며 마음이 무너지고 벅차올랐던 순간을 수없이 마주했다.

과로사로 숨진 노동자,
불공평한 면접으로 피해 받은 취준생,
부당 해고로 길거리에 나앉은 사람들.

사람과 사람이 얽혀 살아갈 수밖에 없는 이 세상에는 여전히 존중과 변화가 필요했다. 누군가는 약자의 귀와 목소리가 돼 그들을 보호하고 지켜내야 했다. 그것이 바로 언론의 역할이며 그가 바로 저널리스트, 기자라고 생각했다.

책임감을 갖는다는 것.
사명감을 가진다는 것.

부끄럽지 않게, 당당하게 묵묵히 우리의 자리에서 최선을 다해 나아간다면 언젠가 좀 더 살기 좋은 세상이 되지 않을까.

토닥임의 여운이 남긴 밤은 이토록 길다.

새벽 5시의 알람
[OneRepublic - Counting Stars]

나의 20대 초중반은 오로지 생존이 목표였던 아픈 손가락과 같았다. 웃음보다는 눈물이 더 많았고 털어 내기보다는 삼켜 냈던 나날의 연속이었다.

수습기자가 되고 3개월이 흘렀던 때였다.

"너 무슨 일 있어?"

자존심이 누구보다 센 오빠가 서럽다 못해 오열하는 목소리가 전화기 너머로 들려왔다.

최근 오빠는 교통사고로 아끼던 친구를 잃었다고 고백했다. 당시 친구는 오빠 명의로 빌린 외제 렌터카를 몰다 덤프트럭과의 충돌로 참변을 당했다. 렌터카는 폐차 결정이 내려졌고 이는 고스란히 오빠의 몫이 됐다.

마음과 정신이 피폐해져 있던 시기, 보이스피싱(전화 금융 사기)까지 당하면서 부채는 총 8천만 원이 됐다고.

당장 상황을 해결하기 위해 사채를 끌어 쓴 그는 시급이 높다는 공장에서 밤낮으로 막노동을 했지만 이를 막기엔 역부족이었다.

오빠는 그간 삼켜 왔던 복잡한 심경을 이날 내게 모두 토해 냈다. 나는 죽을 용기로 살아야만 한다고 했다.

그에게 서울로 올라와 함께 지내자고 했다. 당시 137만 원 남짓한 월급을 받는 사회초년생이 각박한 서울에서 살아남기란 결코 쉬운 일이 아니었다. 이 상황에서 타인을 책임지겠다고 결단한 그때의 나는 과연 어떤 마음이었을까.

은행에서 전세 대출 상담을 받았다. 이런 건 어른들만 할 수 있는 거라 여겼는데 벌써 내가 가장이 된 것 같아 기분이 묘했다. 창구 직원은 청년을 위한 정부의 저금리 대출이 있다며 신청을 도왔다.

지내고 있던 셰어하우스에서 나와 노량진의 2평짜리 원룸을 구했다. 그리고선 곧바로 주말 오전 시간대의 아르바이트를 시작했다.

지하철로 1시간 거리에 위치한 종로의 한 편의점. 주말을 반납해 가며 8시간씩 빠짐없이 일했다. 간혹 취재 건이 생기면 짬짬이 노트북을 켜고 기사를 작성하는 날도 비일비재했다.

새벽 5시에 눈을 뜰 때면 한숨이 나왔다. 나는 왜 이렇게 살아야 하나 화가 치밀어 오르기도 했고 그냥 서러워 하염없이 울기도 했다.

그럴 때일수록 삶을 관조적으로 볼 수 있도록 노력하라는 프랑스 출신의 철학자 블레즈 파스칼의 말을 곱씹었다. 자신이 불행하다 느낄 때면 더 깊은 불행에 빠지지 않도록 어려움에 처한 지금의 상황을 고요한 마음으로 비추어 보라고 했다. 그러한 상태가 지속되면 자신도 모르는 사이 마음의 평화가 깃들어 있을 거라고.

매월 마지막 날이면 우리는 악착같이 모은 180만 원을 저축했다. 그리고선 치킨 한 마리를 시켜놓고 치열히 산 서로를 위로했다.

365일 쉬는 날 없던 4년의 시간.
가장 하고 싶은 것이 뭐냐고 물을 때면 마음 놓고 늦잠을 푹 자는 거라 말하며 앞만 보고 아득바득 살았다. 고뇌와 인내. 이 굴레의 마침표를 찍던 날, 우리는 원 없이 웃고 울었다.

그렇게 내가 스물일곱이 되던 해 우린 모든 부채를 청산했다.

아울러 나는 긴 사연의 새벽 5시 알람을 삭제했다.

업글인간
[Valley Of Wolves - We Are Legends]

'건강한 신체에는 건강한 정신이 깃든다.'

스물여섯 살이었을 때다. 연초 나는 업글인간(단순한 성공이 아닌 성장을 추구하는 자기개발형 인간)이 되기 위한 첫 번째 목표를 세운 바 있다.

인간관계로부터 지친 마음과 체력을 끌어올리는 것.

비워 내고 내려놓는 연습을 하기 위해선 오롯이 자신에게 집중할 시간을 만드는 것이 필수였다.

이른 새벽, 스트레칭과 줄넘기 3,000개의 워밍업으로 하루를 열었다. 그린 푸드(green food)로 식습관을 개선해 나갔으며 기상과 취침 시간 또한 칼 같이 지켰다.

삶을 바꾼다는 것은 일상을 바꾸는 것이며 이는 자그마한 습관을 변화시키는 것에서 시작된다.

단시간 내 바뀌는 것은 하나도 없었다. 악착같은 결단력과 의지력, 자제력을 키우기 위해서는 마음가짐부터 달라져야 했다.

소소한 것들이 변화되자 일상의 공기와 온도가 달라졌다. 숨만 쉬어도 든든했고 활기가 넘쳤다.

도전이 주는 힘
[The Script - Hall of Fame(Feat. Will.I.Am)]

약 17년 만에 새로운 운동을 시작했던 때가 있었다. 전 세계를 강타한 신종 코로나바이러스 감염증(코로나19)은 활력 넘치던 내 일상에도 무기력함을 퍼부었다. 각국의 하늘길이 막히면서 삶의 낙이었던 여행마저 불가해졌기 때문이다.

이대로는 안 되겠다 싶어 어릴 적부터 배워보고 싶었던 쇼트트랙에 도전하기로 했다.

처음 쇼트트랙을 알게 된 시기는 중학생 2학년 때였다. 당시 2010년 밴쿠버 동계 올림픽 개최로 방송사들은 실시간으로 메달 소식을 중계하느라 여념이 없었다. 대한민국은 총 82개국 가운데 종합 5위라는 우수한 성적을 내며 괄목할 만한 역사를 세웠다.

현재 한국은 일명 '빙상 강국'이라 불리며 메달을 석권하는 게 어쩌면 당연한 수준으로 평가받고 있지만 이때만 해도 제대로 된 빙상 경기장 하나 없는 환경에서 우수한 선수들을 배출한다는 것은 기적과도 같았다. 특히 캐나다와 노르웨이, 일본의 주 종복인 피겨와 스케이팅 종목에서 금메달을 거머쥐자 한국의 빙상계는 세간의 주목을 받았다.

이러한 서사를 알게 되면서 언젠가 기필코 쇼트트랙을 배워보겠노라 다짐했다. 그간 수영이나 육상, 스키 등 꽤 많은 운동을 접한 경험이 있던 나는 자신감이 넘쳐났다.

하지만 빙상은 정말이지 골 때리는 종목이었다. 특히 성인이 된 후 배우는 운동은 외상 후 스트레스 장애(PTSD)나 트라우마가 없어 쉽게 적응하는 아동기 때와는 달리 천지 차이(天地差異)로 어려웠다. 어릴 적 아이스링크장에서 탔던 스케이트와는 차원이 달랐달까. 앞으로, 뒤로 수도 없이 처박고 미끄러졌다.

날카로운 칼날.
적응조차 안 되는 스피드.
넘어지는 것에 대한 공포감.

상황마다 적용되는 '불안감'의 깊이는 다르겠지만 결국 해 보기도 전에 지레 겁을 먹게 되면 아무것도 할 수가 없다는 점에서 결이 같다고 느꼈다.

주 2회, 50분. 실력을 끌어올리기엔 한참 부족한 시간이었다. 그래서 매일 새벽마다 지상 훈련을 실천하며 신체를 단련했다.

그로부터 1년 후 나는 대한빙상경기연맹에서 주최한 전국 생활체육 빙상대회 500m 부문에서 1위를 했다.

무엇이든 꾸준히 하면 노력의 결과는 어떤 형태로든 반드시 따라온다. 그 과정에서 오는 희열은 또 다른 성장을 이끌게 해 준다.

새로운 도전에 갈망하는 이유는 간단하다.
살아 있다는 느낌을 받는다.

우리는 늘 배운다. 비록 실패일지라도.

이 과정에서 깨닫는 것들은 앞으로의 인생을 살아가는 데 크고 작은 도움을 준다. 심지어 타인으로부터 동기 부여를 주는 대상이 되기도 한다. 이것이 바로 관계에서 정의되는 '선한 영향력'이 아닐까.

우리는 이렇게 성장한다.

인간의 내적 성장은 무한으로 이뤄진다고 들었다. 나는 그것을 지속 경험해 보고자 한다.

뜨거웠던 여름 아래

꺾이지 않는 마음
[Keala Settle, The Greatest Showman Ensemble - This Is Me]

비가 오는 날이면 주황빛을 내는 LED 지구본을 켜 놓고 같은 영화를 반복해 보는 시간을 사랑했다. 인상 깊은 장면을 두고두고 기억하고 싶어서다.

유튜브를 시작한 이유도 같다. 글은 그날의 감정을 가장 섬세히 떠올릴 수 있게 하고, 사진은 온전한 분위기를 느낄 수 있도록 한다. 영상은 시공간을 넘나들어 찰나의 모든 것을 간직할 수 있다는 점에서 기록하는 수단 가운데 가장 애착이 간다.

인생 영화로 꼽는 작품들이 대거 있는데 그중 윌 스미스 주연의 '행복을 찾아서'를 추천한다.

우리 모두 살아가며 가장 필요한 것은 내면의 힘이다. 이 말인즉슨 인내와 끈기, 긍정적인 사고방식과 같은 것들이다.

영화의 중반부까지는 먹먹한 감정이 다분했다. 주인공의 삶에서 소중한 것들이 하나둘씩 떠나가고 어렵게 얻은 기회들마저 계속 잃어버리기 때문이다.

이 정도 대본이라면 답답하고 짜증이 날 만도 한데 슬프게도 우리의 삶과 너무나 닮아 있었기에 마냥 비난할 수 없었다.

감명을 받은 장면은 주인공이 위기를 딛고 해피엔딩을 쟁취했던 순간이 아니었다. 역경 속에서도 흔들리지 않은 그 단단한 마음가짐이 가슴에 쿡 박혔다.

그래서 삶의 동력이 필요할 때면 이 영화를 찾았다.

2022년 연말 대한민국을 크게 강타한 리그오브레전드 월드 챔피언십의 유행어 '꺾이지 않는 마음' 또한 그 결이 같다.

그해 한국 축구 역사에 한 획을 그었던 순간을 기억하는가. 한국 국가대표팀은 카타르 월드컵 조별리그 마지막 대결에서 강력한 우승 후보인 포르투갈과 맞서게 되었다. 모두 혀를 내두르며 패배를 점칠 때 한국은 불굴의 의지로 기적 같은 승리를 거머쥐며 16강에 진출했다.

그렇다.
중요한 것은 꺾이지 않는 마음이다.

시간이 주는 가치를 곱씹고 싶다면 '말할 수 없는 비밀', '미드나잇 선'이
라는 영화를,

성장의 영감을 받는 이야기를 원한다면 'Begin Again'과 '세 얼간이'를,
소중함의 정의를 알고 싶다면 '허브'를 추천한다.

삶의 습작을 새긴 '보헤미안 랩소디'도 명작이다. 사랑을 기억하는 법을
담은 '타이타닉', 자신을 찾는 여정 '악마를 프라다를 입는다', 방황하는
청년들을 위한 '잉여들의 히치하이킹'도 권해 본다.

전부를 건다는 것은
[어반자카파 - Get(Feat.Beenzino)]

전부를 걸어본 적이 있는가.

이 대목을 떠올릴 때마다 나는 주저하지 않고 미국 에피소드를 꼽을 것이다. 다시는 그곳에 가지 않겠노라 결심할 정도로 미국에서의 삶은 매 순간이 사활을 건 혈투였다. 동시에 내가 가진 모든 역량을 쏟아부으며 한계를 시험한 역동적이고도 치열했던 시간이기도 했다.

2023년은 그런 해였다.
간절하지 않으면 살아남을 수 없었고, 온전히 나를 믿어야만 나아갈 수 있었다.

나이를 먹어 갈수록 왠지 모를 답답함이 느껴졌다. 이는 오랜 시간 묵혀 놓았던 버킷리스트에 대한 미련이었다.

'할까 말까 싶을 때는 하라'는 꽤 그럴싸한 말을 수도 없이 뱉고 다녔지만 정작 나는 그러지 못했다. 무엇 때문에 그리 망설였을까.

약 5년간 일한 회사를 떠나 미국으로 향하는 비행기에 몸을 실었다. 이를 위해 1천만 원의 퇴직금을 투자했고 3개월간 무려 8번에 달하는 면접을 봤다.

불합격이 쏟아지기로 유명한 대사관 인터뷰를 한 번 만에 통과했음에도 마냥 기뻐하진 못했다. 안정적인 직장을 그만두고 발 디딘 적 없는 타국에서 새로운 도전을 한다는 것은 달걀로 바위를 치는 것만큼 실로 어마한 부담이었다.

'이 선택이 틀리면 어떡하지.'

퇴사하던 날, 불안감이 엄습했다. 기대와 다른 현실을 마주했을 때 오는 실망감의 무게에 벌써부터 짓눌려지는 기분이었다. 이러한 부담을 등에 업고서라도 성취하고 싶었던 것은 삶의 변화와 성장이었다.

인생의 각 구간에는 타이밍이 존재한다고 여겼다. 무언가를 도전할 때 그 시기여야만 하는 것들이 있다. 내게 미국행은 그러한 시기에 딱 들어맞았다.

지금이 아니면 안 되는 그런 것이었다.

"세상 살다 보면 별의별 일이 다 있어도
뿌리가 튼튼하면 바람을 두려워할 이유가 없다."

눈으로 뒤덮인 설산을 지나 마치 우주처럼 쏟아지는 별들 사이를 가로지르고 오로라와 솜사탕 같은 구름을 헤쳤던 장장 14시간의 비행. 여기가 말로만 듣던 미국이구나.

뜨거웠던 여름 아래

뜨거웠던 여름 아래

여행과 정착
[Sting - Englishman In New York]

언어, 문화, 배경.

아무런 연고가 없는 곳에서 홀로서기를 한다는 것은 여간 어려운 게 아니다. 생존을 위한 모든 것들이 도전이고 경계며 긴장감의 연속이다. 하다못해 교통카드 하나 만드는 것조차 이곳에서는 땀을 쥐게 만든다.

그저 이 모든 것들이 흥미로웠고 설렜던 적도 있었다. 그 이유는 주제가 '여행'이었기 때문이지 않았을까. 잃을 게 없던 학생 시절, 실수해도 괜찮다는 관대한 마인드가 가슴 속 깊이 자리하고 있었다.

그러나 나이를 먹어 가며 안정에 대한 비중이 커지자 낯선 환경이 주는 분위기는 되레 '우려' 혹은 '공포감'으로 다가왔다. 일어나는 모든 일에 대한 책임을 스스로 지고 홀로 헤쳐나가 정착해야 한다는 사실 때문이었다.

그렇기에 여행과 정착이 주는 분위기는 사뭇 다르다.

멀리서 보나 가까이서 보나 희극보다는 비극에 가까운, 부족함투성이의 외국인 노동자가 고군분투하며 사는 일상이겠지만 스리슬쩍 발견하는 소소한 행복을 몸소 즐길 줄 아는 그런 이방인이 되고자 했다.

되는 게 없고 눈물 없이는 버티기 힘들다는 초기 정착 시기. 외로움이 극한에 달하기도 하고 일상이 도장 깨기처럼 느껴질 정도로 꽤 험난한 난항을 겪겠지만 언제 그랬냐는 듯 물 흐르듯 적응하며 살아가는 날이 짠- 하고 펼쳐질 거라 믿었다.

늘 그래 왔듯이.

쪽팔림을 견디는 일
[Fitz&The Tantrums - HandClap]

통상 성인이 된 후 우리는 새로운 환경에 직면하며 다양한 도전을 하기 마련이다. 그중 제일 힘든 것은 가장 낮은 곳에 서 있는 나를 견디는 일이다.

어디서 본 건 많아서 눈은 높은데 아무것도 없는 무(無)의 상태인 자신을 보자니 한심하게 느껴질 수밖에. 일이든 취미든 간에 초라한 자신을 참아줄 항마력만 있다면 우리는 새로운 세상에서 얼마든지 헤엄칠 수 있다.

누구에게나 실패의 순간이 온다. 하지만 우리는 이때를 가장 강렬하게 기억해야 한다.

"스스로에게 관대해지렴. 애초부터 우리는 아무것도 아닌 상태로 태어난단다. 서투른 것은 아주 자연스러운 것이란다."

자신을 인정하고 받아들일 때 비로소 본격적인 성장기가 시작된다. 때문에 쪽팔림을 견디는 것은 꽤 힘든 일이지만 꿈을 향해 가는 지름길이기도 하다.

간절함을 이길 수 없는 이유
[Panic! At The Disco - High Hopes]

간절했다.

전부를 건 만큼 1분 1초가 소중했다. 계약과는 다른 직무, 난생 처음 겪어 보는 모호한 사회. 몇 번의 면담에도 '여긴 원래 이렇게 해. 싫으면 나가든지.'라는 무책임한 회사의 태도.

참다못해 회사를 관두겠다는 의사를 밝혔을 때 그들은 두 달 치의 업무량을 줬다. 밤새며 일을 전부 끝냈음에도 불구하고 100만 원에 가까운 일주일간의 급여를 주지 않았다.

이게 말로만 듣던 J1의 현실인가 허탈감이 느껴졌다.

마음고생은 곧 신체 리듬까지 망가트렸다. 생리가 끊겼고 잡티 하나 없던 피부는 각종 뾰루지로 뒤덮였다. 무거운 스트레스는 달고 짠 자극적인 음식을 찾도록 만들었고 몸무게는 이내 10kg이 늘었다.

그사이 회사는 신분을 빌미 삼아 한국으로 추방시키겠다고 협박을 가했다.

정신 줄을 꽉 잡았다. 미움 받을 용기, 넘어질 각오, 툭툭 털고 일어설 깡. 거친 세상에 뛰어들기 위해선 생각보다 여러 개의 강인한 마인드가 필요했다.

사건의 전말을 알게 된 에이전시는 곧바로 나를 보호하기 위해 퇴사 조치를 취했다. 그러나 2주 이내 새로운 회사에 입사하지 못하면 한국으로 돌아가야 한다는 규정을 전달했다.

안도할 틈도 없이 미국 내 주요 취업 사이트를 뒤져 가며 이직을 준비했다. 때마침 로스앤젤레스에서 경력직 기자를 구하는 채용 공고가 올라왔고 밤새 만든 포트폴리오와 이력서를 제출했다.

그로부터 10일째 되던 날이었다. 지원한 회사로부터 연락이 없자 나는 한국으로 돌아갈 운명임을 받아들였다. 체념한 채 짐 부칠 박스를 사 들고 집으로 돌아가던 길 전화 한 통이 왔다. 당장 인터뷰를 볼 수 있냐는 답변이었다. 나는 눈에 들어온 건물 비상구에서 노트북을 켰다.

지금 이 순간이 전화위복(轉禍爲福)의 타이밍임을 깨달았다. 예로부터 '호랑이 굴에 들어가도 정신만 차리면 산다'는 속담이 이 같은 상황에서 탄생했구나 싶었다.

"저 왜 뽑으신 거예요?"

입사한 지 6개월쯤 지났을 때였다. 국장으로부터 당시 20명에 가까운 지원자가 있었다는 뒷이야기(Behind Story)를 듣게 됐을 때 나의 합격을 결정지은 건 대체 무엇이었을까 문득 궁금해졌다.

"이 사람이 하는 말이 진심인지 아닌지 헷갈릴 때는 눈을 보면 돼. 눈빛은 거짓말을 못 하거든. 그게 널 뽑은 이유다."

말도 안 되는 이 여정을 경험하며 배웠던 것은 간절하다면 무엇이든 이뤄낸다는 것이었다. 성취하고자 하는 것이 있다면 온 마음을 다해야 한다. 미치도록 원해서 잠을 설쳐야 한다. 절실해서 시름시름 앓을 정도여야만 한다.

그리고 반드시 이뤄내겠다는 집념과 열망이 있어야 한다.

미국의 저명한 철강왕이자 자선 기업가 앤드류 카네기(Andrew Carnegie)의 말이 유독 와닿았던 날이었다.

"반드시 밀물 때는 온다. 바로 그날 나는 바다로 나갈 것이다. 때를 놓치지 말라."

꿈을 대하는 자세

[Noel Gallagher's High Flying Birds - In The Heat Of The Moment]

대학 시절, 스펙을 쌓기 위해 각 기업의 대외 활동에 지원했을 때였다. 면접은커녕 서류 심사에서부터 수십 번 탈락의 고배를 마셨다.

나는 취업 시장에서 학벌은 빠질 수 없다고 여겼다. 세상이 바뀌고 있다 하더라도 냉정한 현실을 부정할 수 없었다. 진지하게 재수를 고민했던 것도, 교환 학생을 그렇게나 가고 싶었던 것도 사실 이 같은 불안이 늘 존재했기 때문에.

조금이라도 더 발전해야 하니까.
한 줄이라도 더 써야 하니까.

세상이 불공평하다 싶다가도 10대의 난 일명 'SKY'(서울대학교, 고려대학교, 연세대학교)를 비롯한 상위 대학에 진학한 그들보다 지닐하게 노력하지 않았으니 비단 억울해하지 말자며 후회보단 반성을 했다.

그래서 남들이 걸으면 난 뛰었고 남들이 뛰면 날 정도로 했다. 그렇게 돌고 돌아 원하던 꼭대기를 찍어 본다.

하는 일에 거침이 없다는 누군가의 메신저, 어디로 가야 될지 방향을 정할 줄 아는 사람이라는 유미의 응원, 무엇을 하든 날 믿어주던 사람들 그리고 끊임없이 부딪혔던 나의 의지.

이 모든 것들이 엮어져 현실이 되어 간다.

뜨거웠던 여름 아래

아메리칸 드림
[Eminem - The Monster(Feat.Rihanna)]

많은 사람들이 '불가능'이라 정의하는 아메리칸 드림(American Dream)을 꿈꿨다.

한 치 앞을 예측할 수 없는 삶이라서 불안했지만 그렇기에 즐겼다. 고리타분한 말이지만 피할 수 없으면 즐기라고 했질 않는가.

오랫동안 꿈꿨던 호주 워킹홀리데이의 몫은 오빠에게 넘겼다. 그곳에서 존재하는 삶을 대신 경험해 주겠다며 주저 없이 떠난 오빠에게 진심으로 고마웠다.

나는 미국에서 한 번 더 언론직에 도전했다. 뉴욕과 필라델피아, 뉴저지 그리고 로스앤젤레스까지. 미 전역을 돌아다니며 경험한 그들의 일상을 세상에 전했다.

더는 구글맵을 켜지 않고 출근했다. 매일 10km를 뛰고 도넛을 사 먹는 여유로움도 생겼다. 같은 시각 기차를 타며 인사하는 이웃도 생겼고 주말이면 함께 여행을 갈 친구도 사귀었다. 난 그렇게 이방인으로서, 외노자로서 이곳에 물들었다.

한국에서나 여기서나 일로 생기는 스트레스는 매한가지로 똑같았지만 새로운 것을 배우는 것은 여전히 재밌었다. 아는 것이 많아지면 그 지루한 공부도 매력이 생기는 법이니 말이다.

눈을 뜨면 미 전역의 소식들을 파악하는 것으로 하루를 열었다. 배우는 지식의 규모는 말로 표현할 수 없을 정도로 깊고 흥미로웠다.

한인 사회를 들여다보는 일도 인상 깊었다. 소수의 한국인들이 연고가 없는 미지의 땅에 정착해 커뮤니티를 만들었고 끈끈한 연대를 통해 지금의 미국 사회 일원이 됐다는 역사는 굉장한 의미가 있다. 연초 참석했던 미주 한인의 날 기념식에서도 그토록 가슴이 뜨거워졌던 이유다.

1년이 흐른 지금, 나의 삶은 크게 변화했다. 이는 궁극적인 삶의 목표에 진취적으로 다가서고 있다는 것을 방증한다.

그것이 아메리칸 드림의 의의가 아닐까.

뜨거웠던 여름 아래

오빠에게
[가호(Gaho) - 시작]

새로운 도전을 꺼리던 네가 일상을 과감히 정리하고 익숙함을 뒤로한 채 홀로 호주행을 결정했다는 사실을 들었다. 그 마음을 먹기까지 수많은 시뮬레이션을 돌리며 고민했을 거다.

그럼에도 굳게 닫힌 네 마음을 동요시킨 건 오아시스 같은 이야기를 지속했던 내 역할이 꽤 컸을 거야.

네 인생도 쉽지 않았다는 것을 안다. 상처를 치유할 틈도 없이 꾸역꾸역 버티며 살다 보니 마음 둘 곳이 없어 겉돌았다는 것을 너무나도 잘 안다.

그래서 더 떠나라고 부추겼다.

오로지 동생의 말 한마디를 믿고 짐을 싸는 너를 보며 잘되길 바라는 마음이 들다가도 한편으로는 불안했다. 기대와는 달라 실망할까 봐.

어느덧 네가 떠난 지 1년이 되어 간다. 네 주변에는 꿈 많은 사람들로 북적이고 너 또한 빛과 같은 사람이 되어 있었다.

며칠 전 네가 했던 말이 선명하다.
"내가 행복할 수 있어서 행복하다."

삶의 의미를 찾아 헤매던 너는 이제 그 답을 찾은 듯했다.

훗날 술 한잔하며 서로의 자식에게 청년 시절 해외에서 열정 하나만으로도 살아남았던 무용담을 들려줄 날을 상상하니 가슴이 뜨겁다.

끝과 시작

[Boys Like Girls - The Great Escape]

온전히 미국에서 1년을 보냈다.

안식년을 바랐던 그해는 다망(多忙)년으로 남겨졌다.

연고가 없는 곳에서 무언가를 시도한다는 것은 굉장한 용기가 필요했다. 묵묵히 홀로서기를 하는 것은 도전, 끈기, 열정과 같은 어쩌면 꽤 있어 보이는 단어들처럼 간지 나 보이지만 사실 사무치게 외롭고 쓸쓸한 시간을 버티는 거다. 그 과정에서 감정이 메말라 버리기도 하고 웃는 법을 잊어버리기도 한다. 그렇게 자기방어를 위해 딱지처럼 굳어진 마음을 두고 우린 단단해졌다며 자위하기도 하니까.

이를 감당하기에 스물여덟의 나는 여전히 어렸고 서툴렀으며 모르는 게 너무나 많았던 이방인에 불과했다.

잃은 만큼 채우기 위해 필사적으로 애썼다. 오늘이 마지막인 것처럼 그렇게 지냈다. 미국의 날것을 취재했던 기자 경험과 홀로서기를 했던 생존기는 평생토록 뇌리에 박힐 것이다.

아울러 삶의 위기를 극복한 사람으로서 이는 추락이 아닌 전환기라 칭하고 싶다. 삶의 목표를 향해 나아갈 새로운 동력을 찾는, 또 찾은 모든 이들에게 진심 어린 박수를 보낸다.

뜨거웠던 여름 아래

제1장 삶의 궤적 | Connect the Dots

뜨거웠던 여름 아래

뜨거웠던 여름 아래

제1장 삶의 궤적 | Connect the Dots

뜨거웠던 여름 아래

은하수를 담던 어느 새벽 밤.
내가 서 있는 곳이 우주인지 마지인지
분간이 가질 않던 시간들.
인간이라서 감사했던 날.

제2장 청춘의 색

Querencia

우리는 어쩌면 삶이라는 짧은 여행을 하고 있을지도 모른다고 생각했다.

인생이란 오직 오늘이다. 어제는 이미 지나간 한낱 꿈일 뿐이며 내일은 온통 미스터리에 휩싸여 있는 환상에 불과하다.

그러니 아끼지 말자.

남 눈치 보지 말고 하고 싶은 거 해 보고,
때론 무모한 꿈일지라도 취해 보자.
먹고 싶은 음식 있으면 줄을 서서라도 꼭 먹어 보고,
가고 싶은 곳 있으면 용기 내어 떠나도 보자.

마치 오늘이 마지막인 것처럼 온 마음을 다해 사랑하자. 그 속에서 성장해 가는 나를 발견하기도 하며 말이야.

지금 아니면 안 되는 것이 있더라. 아낄 수 없는 것들이더라.
그러니 그렇게 칠해 가자.

그러다 이 여행이 끝나는 날,
웃으며 떠나가자.

바닷속을 유영하는 인어
[아이유 - 아이와 나의 바다]

서른에 가까워지자 지난 20대를 되돌아보는 빈도가 최근에서야 잦아졌다. 최고의 행복을 누렸던 때가 언제였나 회상에 빠지면 시간이 훅 흘러버린다.

행복은 가장 나다운 삶을 살 때 비로소 느낄 수 있다고 생각했다.

어떤 것에 구애되거나 속박되지 않고 자유로워지는 것.
마음이 가는 대로 뛰어들어 보는 것.
온전한 내 세상에 취해 보는 것.

누군가 내게 이러한 시간이 언제였냐 묻는다면 나는 주저하지 않고 스무 살 끝자락에 떠난 호주 배낭여행을 꼽을 것이다.

그때의 나는
맑고 투명한 바닷속을 마음껏 유영하던
한 마리의 인어였다.

공항으로 가는 길
[Pitbull - Timber(Feat.Ke$ha)]

수능이 끝난 뒤 가장 먼저 한 일은 비행기 티켓을 끊은 것이었다.

모두에게서 홀연히 사라지고 싶던 마음.
나의 여행은 그렇게 시작됐다.

새벽 6시, 거가대교를 타고 공항으로 가던 길이었다.

주황빛의 일출로 물든 바다
창문 틈 사이로 느껴지던 겨울바람
이어폰 너머로 들려오는 신나는 음악

세 가지의 엔지니어링이 작동하자 엔도르핀(Endorphin)이 솟구치기 시작했다. 어떤 일이 벌어질지 어느 것 하나 예상할 수 없지만 적당한 긴장감과 설렘이 주는 이 기분이라면 다 괜찮다 싶었다.

뜨거웠던 여름 아래

이 또한 여행이겠지
[Will Jay - Off The Record]

"잘 챙긴 거 맞아?"
"아 그럼! 걱정 좀 하지 마."

바야흐로 2015년. 겨울 이맘때쯤이었다. 32인치 캐리어에 옷을 쑤셔 넣느라 여념이 없는 나와 걱정이 이만저만이 아닌 엄마의 잔소리로 집 안이 메워졌다.

영어 한마디도 할 줄 모르는 딸내미가 장기 여행이라니. 그것도 머나먼 호주로 두 달이나 가겠단다. 그런 내가 못 미더웠는지 엄마는 딱 달라붙어 매의 눈으로 짐을 점검했다.

"근데 왜 하필 호주야?"

김해공항으로 바래다주던 길, 엄마는 내심 궁금했는지 슬며시 내게 물었다. 하긴 그 좋아하던 쇼핑도 마다하고 친구들과의 약속도 취소한 채 주말 내내 아르바이트를 하며 여행 경비를 모으는 딸이 신기했을 법도.

호주와의 인연은 의아하게도 영국 출신의 보이그룹 웨스트라이프(Westlife)

의 'My Love'라는 곡에서 시작됐다.

팝송으로 영어 배우기가 한창이던 중학교 1학년 시절, 선생님은 매일 조례가 끝나면 이 뮤직비디오를 틀어주셨고 우린 아침마다 이를 감상하며 하루를 열었다. 특히 광활한 절벽과 끝없이 펼쳐지는 바다 풍경을 볼 때면 마음속 깊은 어딘가에서 요동치는 두근거림이 있었다.

당시 익명의 네이버 지식인은 그곳이 호주의 그레이트 오션 로드(Great Ocean Road)라고 답글을 달았다. 이를 철석같이 믿고선 호주와 관련된 여행 다큐멘터리를 틈만 나면 찾아봤고 언젠가 성인이 되면 꼭 그곳에 가겠노라 다짐했다.

한참이 지나고 나서야 사실은 그곳이 런던의 세븐시스터즈(영국 남동부 이스트서식스에 위치한 해안 절벽)라는 사실을 알게 됐다. 마치 원효대사가 암흑 속에서 마셨던 물의 진실을 알게 됐을 때의 기분이었다.

그럼 목적지를 바꾸는 게 맞지 않냐는 엄마의 말에 그저 웃었다. 이미 호주에 빠져버린 걸 어쩌겠나 싶었다.

나는 멜버른행 비행기에 올라타며 읊조렸다.

"이 또한 여행이겠지."

길 위에서 만난 인연
[Flo Rida - Whistle]

무려 2번의 경유, 장장 40시간이 걸려 멜버른에 도착했다. 경비를 아끼고자 가장 저렴한 비행기 표를 구매하면서 시작부터 꽤나 고생을 했다. 그럼에도 혼자 힘으로 타국 땅을 밟았다는 사실에 자신감이 차올랐다.

그러나 입국하자마자 나를 반겼던 것은 게스트하우스의 예약 취소 메일이었다. 서둘러 숙박 애플리케이션(APP)을 켜 빈방을 찾아 헤맸으나 연말연시라 예약이 다 차버렸다는 반응뿐이었다.

세상은 절대 계획대로 흘러가지 않을 것이니 마음을 단단히 먹어야 한다던 부모님 말씀이 뼛속까지 와 닿았다.

새벽 2시. '길거리 노숙'이라는 현실에 체념하던 순간 한 셰어하우스(Share House)에서 연락이 왔다. 당시 유학생이자 집주인이었던 대건이 오빠와 앤은 거지꼴이 된 나에게 따뜻한 밥과 거실 전체를 내어줬다.

갓 스무 살이 된 여자애가 가방 하나 달랑 들고 호주에 왔다는 게 신기하면서도 심히 걱정된다는 눈빛이 아직도 생생하다. 그들은 이곳에서 살아가며 깨달은 팁과 맛집들을 알려주며 나의 적응을 도왔다.

10년이 흐른 지금도 우린 이때를 회상하며 과거를 여행한다. 호주에서 시작된 인연은 추후 대만과 한국을 넘나들며 짙고 깊게 이어졌다.

우린 지구를 돌아다니며 무수히 많은 사람을 만난다. 인종과 문화가 다르고 낯선 언어를 쓸지언정 진심이 닿는다면 우린 인생 친구가 될 수 있다.

그래서 여행은 인연의 부제(副題)이기도 하다.

뜨거웠던 여름 아래

제2장 청춘의 색 | Querencia

그레이트 오션 로드

[Kase&Wrethov - Kings Of The World (Radio Edit)]

오일 셰어(Oil Share/교통비를 아끼기 위한 목적으로 기름값을 나눠 지불하는 여행 방식)를 통해 그레이트 오션 로드로 향했다.

일행이었던 워홀러 희우 오빠 덕분에 질롱(Geelong)을 거쳐 남호주 최고의 해안 로드 트립을 경험했다. 수백 킬로미터를 달리며 마주한 자연은 말로 설명할 수 없이 웅장했다.

꿈에 그리던 풍경이 눈앞에 펼쳐졌고 가슴이 벅차올랐다. 마치 모든 것들이 치유되는 기분이었다.

"네가 가진 고민이 무엇이든 간에 가슴이 답답할 땐 이때를 떠올려 봐. 위대한 자연이 주는 선물을 누려 봐."

오! 나의 호주
[Benson Boone - Beautiful Things]

그레이트 오션 로드에서 집으로 돌아오던 길, 아이러니하게도 나사가 하나 빠진 것처럼 허한 마음이 생겨났다. 그토록 갈망하던 호주에 왔고 버킷리스트까지 달성했지만 무언가 채워지지 못한 찝찝함이 있었다.

기대가 너무 컸던 탓일까.

더는 호주를 여행해야 할 목적과 의지가 사라졌다. 마치 파리 증후군(프랑스 파리를 처음 방문한 외국인이 여행지 환상과 현실의 괴리를 극복하지 못하면서 겪는 우울증과 같은 적응 장애의 일종)을 앓는 환자가 된 기분이었다.

그렇게 하루 이틀 시간이 흘러갔고 어느새 지루함에 지배된 나는 한국으로 돌아가고 싶다는 생각에 사로잡혔다.

완벽하다 자부했던 여행이 하나둘씩 꼬이기 시작하니 서러운 마음에 눈물이 쏟아졌다. 이 얘기를 들은 대건이 오빠는 실소를 터트렸다. 그러고선 이렇게 말했다.

"지금부터 시작되는 거야. 여행지가 만들어 주는 거 말고, 너만이 할 수 있는 여행을 해. 그게 진짜 여행이다."

그날 밤 나는 멜버른 시티 중심인 엘리자베스 스트리트(Elizabeth St)를 찾았다. 거리에는 버스커들의 연주가 울려 퍼졌고 새해를 맞아 불꽃 축제를 즐기는 남녀노소로 채워졌다.

멜로디에 몸을 맡긴 채 춤추는 사람들.
사랑과 행복에 젖은 사람들.
그들을 보며 미소 짓는 음악가들.

나만의 여행을 하라던 대건이 오빠의 말을 그제야 이해했다. 내 마음을 들뜨게 했던 것은 그레이트 오션 로드가 아니었다.

낭만 있게 사는 사람들의 삶이었다.

그해 호주에서의 나는 나만의 세상에 취해 살았다. 그저 눈과 목소리만으로 세계 각국의 여행자들과 친구가 되었고 그들과 노래하며 자유로이 여행했다. 그렇게 돈을 벌어 퍼스로 날아갔고 마지막 종착지인 시드니에서 모험을 종료했다.

멋진 여행지를 간다고 한들 최고의 여행을 한다는 보장은 없다. 어떤 마음을 가지고 어떻게 바라보냐에 따라 여행의 질은 틀려진다.

호주는 내 삶을 송두리째 바꾸었다. 나만이 할 수 있는 여행 법을 깨달은 나는 나의 삶을 색칠해 나가기 시작했다.

그렇게 전환기의 막이 올랐다.

호주는 내게 유일한 퀘렌시아(Querencia)로 남았다. 언제 어디서든 떠올리기만 해도 힘을 얻고 위로받을 수 있는 안식처.

평생을 함께할 사람을 찾는다면 꼭 이곳을 보여주겠다고 다짐했다.

느린 여행의 장점
[Walk The Moon - One Foot]

느린 여행의 장점은 서두르지 않아도 된다는 것이다. 그저 보고 싶은 게 있으면 실컷 보고 갔던 곳이 좋으면 또 가고. 오늘 먹지 못한 건 내일 먹으면 되고.

서두르지 말자.
그러기엔 이곳이 심히 아름답잖아.

창가 자리
[방탄소년단(BTS) - 소우주]

찰나의 30분이었다.

영화 4편과 찰리 푸스의 1집 앨범 듣기를 무한 반복하며 런던으로 향하던 때였다.

창문 밖 너머로 보이는 하늘이 오렌지빛 석양으로 물들어가고 있었다. 이를 평생토록 기억하고자 창문에 기대어 눈에 담고 또 담았다.

이 순간만큼은 온전히 네 것이라 말해 주는 자리.
비행기를 탈 때마다 창가 자리를 고집하는 이유다.

백두산에서 생긴 일

[Stephen Sanchez, Em Beihold - Until I Found You]

뜨거웠던 스무 살의 여름날이었다. 나는 백두산 서파에서 천지를 바라보고 있었다.

천지를 오르는 길은 비경(신비로운 경지)의 화원이었다. 광활한 고원 지대를 수놓은 야생화 꽃밭을 아직도 생생히 기억한다. 모진 겨울 추위를 이겨내고 꿋꿋하게 핀 금매화와 노란 만병초를 눈에 담으며 한 걸음씩 나아갔다.

1,442개의 길고 긴 계단을 올라 5호 경계비(37)에 이르니 안개에 둘러싸인 백두산 천지가 희미하게 보였다. 맑은 천지는 3대가 덕을 쌓아야만 볼 수 있다는 속설이 있을 정도로 쉽사리 드러내지 않았다.

통일이 되어야 볼 수 있다는 하늘의 뜻이었을까.

백두산의 찬바람과 비를 섞어 마신 지 한참의 시간이 흘렀다. 아쉬움을 내비치며 뒤돌려던 순간 구름 사이에서 한 줄기의 빛이 내리쬐었다.

천지는 천상의 연못과 같았다. 연꽃 모양의 영봉(거대한 암반으로 이뤄진 산봉우리)들에 둘러싸여 숨 쉬는 듯 출렁이고 파란 하늘이 그대로 내려앉아 호수를 이루고 있었다.

그리고 옆엔 그가 서 있었다.

뜨거웠던 여름 아래

Really hit the spot
[블랙핑크(Black Pink) - Forever young]

너는 우리의 순간이 낭만이라는 것을 아는 사람이었다. 그런 당신과 이 낭만을 나눠 가지는 게 좋았다.

우리에겐 19,100원의 버스값과 컵라면 한 개의 소탈함이 낭만이었고, 계단에 앉아 밤새우며 봤던 달이 낭만이었으며, 만날 때마다 부끄러워 도망가던 나를 네가 웃으며 붙잡던 순간이 낭만이었다.

적막한 남성역 골목 안 울려 퍼지던 우리의 웃음소리, 나를 따라 흥얼거리던 노래와 춤, 하루 진종일 주고받았던 대화, 첫입과 마지막 입을 늘 양보하려던 마음, 눈을 마주칠 때면 웃어버리는 입, 서로의 옷에 배어 있는 고유의 체취, 부은 얼굴, 목소리.

이 모든 게
더할 나위 없던 우리만의 낭만이었다.

팽 오 쇼콜라
[KT Tunstall - Suddenly I See]

여행 중 가장 맛있었던 음식이 무엇이냐 묻는다면 2017년 런던에서 파리로 향하던 AF1081 항공편의 팽 오 쇼콜라(Chocolate Croissant)를 꼽을 것이다.

1월 1일 동이 트던 새벽녘이었다. 캄캄한 어둠이 서서히 걷히다 이내 붉은 빛의 일출이 하늘을 메웠다.

"Happy New Year!"

함께 탄 승객들 사이에서 박수와 탄성이 흘러나왔다. 승무원들은 새해 첫 비행을 함께해 주어 감사하다는 말을 전하며 따뜻하게 구운 팽 오 쇼콜라를 건넸다.

새로운 한 해.
떠오르던 태양.
사람들의 소망.

이를 배경 삼아 먹은 팽 오 쇼콜라는 인생 최고의 기내식으로 등극했다.

이후 100년 전통을 자랑하는 수십 곳의 빵집을 들렀지만 첫 입을 베어 물었을 때 받았던 감동과 견줄 맛은 끝내 찾지 못했다.

오랜 시간이 흘러도 난 그 비행의 모든 찰나를 생생히 묘사할 수 있다. 언젠가 그때 맛봤던 팽 오 쇼콜라를 다시 만나는 날이 온다면 무척이나 행복한 여행을 하고 있을 것이 틀림없다.

템플 스테이
[Sam Ock - Beautiful People]

혜린이는 3년간 일해 온 회사를 퇴사한 뒤 모든 것을 내려놓고 월정사로 향했다.

오랜 기독교 신자인 그가 한동안 절에서 지내겠다는 마음을 먹게 된 건 어떤 이유에서일까. 복잡했을 심정을 욱여넣으며 추운 겨울 절에 들어간 그를 떠올리니 마음 한편이 몹시 무거웠다.

속세와 단절한 지 한 달 만에 본 혜린이의 내면은 매우 단단해 보였다. 때때로 여유도 생겼고, 자기 신뢰도 높아져 있었달까.

언젠가 봄이었을 때였다.

혜린이는 휴식을 취하자며 이곳으로 나를 이끌었다. 마을버스를 타고 한참을 달렸다. 우거진 숲을 지나 시원한 물소리가 들리는 계곡을 거닐며 주말을 보냈다.

이제는 웃으며 추억하는 지난 과거.
각박한 현실 속에서 찾는 소소한 행복.

각자만이 꿈꾸는 로망.

우린 늘 그랬듯
깊고 신묘한 이야기로 밤을 채웠다.

뜨거웠던 여름 아래

리틀 포레스트
[Adam Levine - Lost Stars]

시시한 거제가 싫어 꼭 대도시로 떠나 살겠다 노래를 부르던 적이 있었다. 나는 운 좋게 취업과 동시에 상경(上京)에 성공했다.

그러나 서울은 만만찮은 곳이었다.

하늘 올려다볼 시간도 없이 빠르게 흘러가는 하루와 쳇바퀴 돌 듯 반복되는 일상. 치열한 경쟁이 과열되는 사회에서 뒤처지면 안 된다는 불안감에 휩싸일 때마다 바다 향기가 물씬한 고향이 너무나 그리웠다.

따뜻한 햇살 아래 자전거를 타고 달렸던 시간. 한여름 밤 옥상에서 돗자리를 깔고 구워 먹었던 삼겹살의 맛. 단돈 500원으로 30분간 하늘을 날았던 퐁퐁(Trampolin/트램펄린). 늘 건너던 육교에서 마라본 노을에 미소 지었던 시절을 꺼내 본다.

세월이 흐를수록 많은 것들이 생겨나고 기존의 것들이 차츰차츰 사라진다. 그러한 변화 속에서도 온전히 그 자리를 지키고 있는 곳들이 있다.

그리울 때면 언제든 찾아갈 수 있다는 것. 영원한 나의 리틀 포레스트가 있다는 건 얼마나 다행이고 감사한 일이야.

내 손을 잡아
[Sia - Snowman]

엄마는 나의 모험기를 자장가 삼아 듣곤 했다. 딸이 마주한 세상을 전해 들을 때면 마음 깊숙한 곳에서 울림을 느꼈다고 했다.

푸르디푸른 바다.
쏟아지는 별들.
핑크빛이 감도는 노을.

매해마다 그를 이끌고 지구를 여행했다. 우린 아시아를 넘어 유럽과 아메리카까지 나아갔다. 그리고 대망의 오세아니아 대륙으로 향했다.

앞으로 펼쳐질 세상이 얼마나 아름다울지 기대를 품도록 만들었고, 그것을 실행할 수 있게끔 이끌어줬던 나의 퀘렌시아에 그와 함께 발을 디뎠다. 무려 7년 만에 지킨 약속이었다.

본다이 비치(호주 뉴사우스웨일스주 시드니에 위치한 해변)를 중심에 놓고 오른쪽으로 시선을 돌리면 시드니 최고의 해변가로 꼽히는 코스탈 워크(Coastal Walk)가 보인다. 암벽길로 만들어진 이 길을 쭉 따라 걸으면 푸른 태즈먼해를 한눈에 담을 수 있는 메켄지 전망대(Mackenzie's point lookout)를 만날 수 있다.

스물. 호주 배낭여행의 마지막 종착지였던 이곳에서 처음으로 삶과 죽음에 대한 정의를 곱씹었다. 그것이 주는 가치를 되새기며 후회 없는 인생을 살자고 다짐했다.

스물셋. 혜린이와 함께 다시 이곳을 찾았다. 피자 두 판과 코카콜라 라지 사이즈를 들고서. 우린 그때 행복을 소망했다. 찰나의 순간마저 따사롭고 사랑스러운 인생을 살아가자고.

그리고 스물일곱. 가장 아끼는 사람을 데려왔다. 우린 다시금 인생에 관한 대화를 나눴다. 엄마는 내게 물었다. 이곳에서 꿈꿨던 인생을 살고 있냐고. 난 그의 손을 잡으며 그렇다고 했다.

"언젠가 엄마를 이곳에 데려오는 날이 온다면,
그때 뭐든 할 수 있는 사람이 되어 있을 거라고 다짐했거든.

난 오늘 그 꿈을 이뤘어."

뜨거웠던 여름 아래

멋진 걸 볼 때면 보여 주고 싶고
맛있는 것을 먹을 때면 데려오고 싶고
재밌는 게 있으면 경험시켜 주고 싶은 마음.

좋아하면 이처럼 다 주고 싶어요.
그런 게 사랑이잖아요.

지구엔 저마다 제자리가 있단다
[Dua Lipa - levitating(Feat.DaBaby)]

일출과 일몰에 따라 하루 3,000번 이상 색이 바뀌는 일명 '지구의 배꼽' 울룰루(Uluru).

지금껏 수없이 많은 자연 경관을 봐 왔건만 경이롭다는 감정이 든 여행지는 이곳이 처음이었다.

그 이유가 뭘까.

어딘가에 샘이 숨겨져 있다는 어린 왕자의 말 때문일까. 아니면 지구가 형성될 때부터 자리했던 바람과 흙, 별과 같은 아주 근본적인 것들이 가득한 곳이라서일까.

울룰루의 매력은 본연 그대로의 것을 보존하고 지켜나가는 것에 있었다.

땅의 주인인 애버리진(호주 토착민)은 거대한 돌덩이가 1년 내내 햇볕이 내리쬐는 황무지인 이곳 한가운데서 유일하게 그늘을 내어 준다며 신성한 존재로 여겨왔다.

고대 영혼의 안식처라 불리는 울룰루의 땅. 붉은 대지가 끝없이 펼쳐지고 이글거리는 태양 빛이 가득한 이곳에서 나는 비로소 제자리의 의미를 찾게 됐다.

성장통
[Maren Morris - The Bones]

"쉽지 않네."

우린 어느덧 사회의 쓴맛을 공감하는 나이가 되었다. 어엿한 직장인이 된 우리의 대화 농도는 더욱 짙어져 갔다. 버겁다는 문장을 내뱉는 빈도도 잦아졌다.

그럴 때일수록 체 게바라의 말을 마음에 새겼다. 리얼리스트가 되더라도 낭만을 꿈꿀 수 있는 마음 한편은 남겨놓자고.

그가 첫 직장에 취직한 후 얼마 되지 않은 시점이었다. 기대와는 전혀 다른 회사 생활로 퇴사를 고민하던 그에게 내가 할 수 있었던 것은 온전한 편이 되어 주는 것이었다.

혼란을 겪은 건 나 역시 마찬가지였다. 새로운 도전을 앞둔 채 자신을 의심하며 갉아먹던 때도 있었다. 그럴 때마다 그는 내게 용기를 심어 줬다.

누군가 그랬다. 신뢰는 바다를 가로지르고 하늘을 날 수 있게 하는 힘이라고.

멘토의 성장을 옆에서 지켜볼 수 있다는 것은 인생에서 가히 영광스러운 일이었다. 시간이 흘러 우린 각자만의 정상에 올랐다. 그리고선 서로를 바라보며 환하게 웃었다.

너는 나의 자랑

[엔플라잉(N.Flying) - 옥탑방(Rooftop)]

낙엽이 굴러가는 것만 봐도 즐거웠다. 하염없이 하늘을 쳐다보며 흐르는 구름만 봐도 마음이 꽉꽉 채워지는 기분이었다.

시도 때도 없이 장난칠 정도로 철없다가도 서로의 꿈을 얘기할 때면 불꽃이 튈 정도로 열정이 넘쳤다. 남들은 불가능하다고 고개를 젓던 꿈을 유일하게 응원했던 우리였다.

각자의 성장통을 목격하고
희로애락의 감정선을 공유하며 살아 있음을 느꼈다.

그것이 우리의 사랑법이었다.

차갑고 각박한 세상일지라도 여전히 나에겐 따뜻한 공간이 존재했다. 사소한 대화에서 묻어나는 말 한마디가 누구에게는 삶의 원동력이, 혹은 존재의 이유가 되기도 하니까. '너는 나의 자랑'이라는 말이 오늘따라 내 마음을 울렸다.

사랑

[아이유 - Love wins all]

미국으로 떠나던 날이었다.

괜히 마음이 약해질까 봐
굳건히 먹은 마음이 무너질까 봐.

어느 그 누구의 배웅도 받지 않고 떠나기 위해 주말이 아닌 평일 오전 비행 편을 예약했다.

하지만 그도 나 홀로 출국하는 것이 마음에 걸렸을까, 결국 회사 일을 제쳐둔 채 떠나는 길을 함께해 줬다.

8년 가까이 만나는 동안 단 한 번도 무거운 걸 내 손에 쥐게 한 적이 없는 사람. 버거운 캐리어들을 죄다 들면서도 감기 걸리면 큰일 난다며 나의 건강을 챙겼다.

그는 서운할 정도로 웃기만 했고 아프면 안 된다는 말만 반복했다.

출국 게이트로 향할 때 "뒤돌아보지 말고 앞만 보고 가."라고 했던 너. 그

약속을 지키지 못한 채 뒤를 돌았을 때 그는 고개 숙여 꾹꾹 참았던 눈물을 훔치고 있었다. 이내 토끼 눈을 하고서 애써 웃으며 손을 흔들었다.

아, 이게 사랑이구나 싶었다.

사랑이라는 장르는 무한한 빛과도 같았다. 그 속에서 나는 날개 없이 나는 법을 배웠고 온전한 나를 찾기도 했다. 그래서 사랑 없는 삶은 산소 없는 지구와 같다고 생각했다.

찰나의 모든 감정을 온전히 느끼자.
감정 하나하나가 소중하니까.
다 마땅한 의미가 있는 것들이니까.

제3장 태도의 우아함

仁義禮智信(인의예지신)

사람의 품격은 이별의 순간에서 여실히 드러난다.

시작이 있으면 끝이 있듯이
만남이 존재하는 한 헤어짐도 반드시 찾아온다.

마지막의 순간에도
첫 만남처럼 정성을 기울이는 사람이 되고 싶다.

결국 우리 모두 완벽하지 않다는 것을 인정하고 한발 물러설 줄 아는 것. 배려를 당연시하지 않고 곁에 있는 이들에게 감사함을 전하는 것.

서로의 다름을 이해하고 상대가 건네는 진심을 소중히 하는 것. 그렇게 서로를 포용하고 선한 영향력을 주고받는 것.

이처럼 인간관계는 서로의 빈틈을 채워 가는 과정에서 비로소 단단해져 간다.

나의 말 한마디 한마디에 체온이 존재했으면 좋겠다. 거울 속 내 모습이 편안할 수 있기를 바란다.

태도의 우아함을 지닌
그런 사람으로 늙어가고 싶다.

인생의 아이러니
[아이유 - 에잇(Prod&Feat. SUGA of BTS)]

웃고 있다고 해서 매 순간 행복한 사람이 아닌 것처럼 눈물이 많다고 해서 항상 슬픈 일만 가득한 사람이 아니다.

어릴 적 도무지 이해되지 않던 것들이 나이를 먹으니 이해되기도 하며 굳이 애쓰지 않아도 내 것이 되는 반면 아무리 집착해도 가질 수 없는 것들이 생긴다.

절대 후회하지 않을 거라 자부했던 관계에서도 잔잔한 미련이 남기도 하고, 최악이라고 생각했던 것에서 크나큰 교훈을 얻기도 한다.

함께한 시간이 많은 사람과 만난 지 얼마 되지 않은 사람과의 신뢰도가 같아질 수 있다. 세상엔 이해할 수 없는 것도 많고 이해할 수밖에 없는 것도 많다.

인생은 참 복잡하면서도 단순하고
깊고 얕다.

삶과 죽음
[가인 - Carnival(The Last Day)]

이들이 의미하는 것에 대해 찬찬히 곱씹어 봤다. 결론적으로 그 범위는 광활했다. 삶과 죽음은 환상적이고 아름다우면서도 허무하고 아쉬운 것이었다.

사는 것.
숨 쉰다는 것.
생각할 수 있고 행동할 수 있는 것.

모든 것들이 신비했다. 눈을 감았다가 새로운 날 다시 눈 뜨는 것을 반복하며 각자 주어진 삶을 시작한다는 게.

흥미로웠다. 이 세상에 사람으로 태어나 동시대 필연적인 인연들과 얽히고설켜 살아가고 있다는 게.

조금은 씁쓸했다. 삶과 죽음이 있는 한 우리 모두 다시 원래의 곳으로 돌아가야 하는 존재라 생각하니 조급해졌다.

매 순간 행복하기에도 모자란 인생에서 우리는 지난 과거에 얽매여 있거나 일어나지 않은 미래를 걱정하며 오늘을 살아간다. 야속하게도 시간은 우리를 기다려 주지 않는다는 것이다.

그리고 마지막은 덤덤했다. 삶과 죽음은 자연과 같은 이치임을 깨달았기에.

시간이 흘러 나 또한 죽음의 길을 걷는 순간이 온다면 나는 과연 어떤 마음일까. 나를 기억해 주는 이들 혹은 내가 스쳐 지나간 모든 인연을 더는 만날 수 없다는 생각을 하니 눈물이 났다.

어쩌면 나는 원래부터 이곳에 존재하지 않았던 것처럼 세상은 또 아무 일도 없었다는 듯 흘러가겠지. 여러모로 아쉬운 결말이다. 이처럼 삶과 죽음이 주는 깨달음의 깊이는 생각 이상으로 심오하다고 해야 할까.

설리에게 애정 어린 관심이 있었던 것은 아니었지만 그의 비보(悲報)를 접한 뒤 한동안 일상이 우울했다. 그냥 떠올리면 가슴이 아팠다. 천국이라는 곳이 정말 존재한다면 한없이 사랑스러웠던 그가 그곳에서는 편히 지낼 수 있기를 기도한다.

쓸쓸한 10월이다.

이 순간이 잠시 멈춰 섰으면 좋겠다고 생각했다. 막연히 시간이 흐르는 게 싫다는 것이 아니라 이 찰나의 모든 것들을 기억할 시간이 주어졌으면 하는 바람이었다.

관계의 이상형
[Stellar - Ashes]

"넌 어떤 사람이 좋아?"
"(웃음)누가 봐도 좋은 사람."

아이러니하게도 29년을 살면서 나의 이상형에 대해 진지하게 생각해 본 적은 처음이었다. 막연히 연예인을 놓고 월드컵 게임을 즐겨 했던 시절을 제외하면 이성에 대한 기준을 세울 만한 상황이 딱히 없었기 때문이다.

특히 인연은 은연중에 자연스레 맺어지는 것이지 계산적으로 이어질 수 없는 것이라 여겨온 영향도 컸다.

어떤 사람이 좋냐는 말에 실은 가장 먼저 떠오른 것은 인품(人品)이었다. 지금껏 가장 중요하게 여겨 왔고 앞으로도 이를 우선적으로 중시하며 살아가겠노라 다짐한 이유에서다.

부모님께서는 됨됨이란 돈 따위로 살 수 없는 가치라 가르쳤다. 그것은 쉽사리 얻어질 수 있는 게 아니었다. 수많은 사건과 배움을 거쳐 다듬어지는 고귀한 것이었다.

감사함을 아끼지 않고,
주어진 시간을 귀하게 보낼 줄 알고,
정중히 사과하고 반성할 줄 알며
불편을 포용하고 다름을 이해하는
용기와 너그러움.

그런 좋은 사람들과 함께라면 끝은 언제나 웃음으로 가득할 것이라는 게 우리 대화의 주요 골자였다.

무심코 이상형에서 시작된 대화는 인간관계의 정의를 재정립하는 계기가 됐다.

이 대목을 놓고 꽤 오랜 시간 고민한 끝에 답을 얻었다. 내가 정의한 '좋은 사람'이란 나의 이상형이었고, 이는 결국 내가 바라는 자신의 모습임을 깨달았다.

"훌륭한 인품을 지닌 내가 되고 싶어. 이성적으로도, 벗으로도."

나에게도 봄이 올까요
[Lady Gaga - Hold My Hand]

"담낭(쓸개)암 3기입니다."

무더웠던 8월의 어느 밤. 수화기 너머로 들려오던 의사의 목소리를 또렷이 기억한다.

난생 처음 겪어 보는 슬픔이었다. 사람은 주체할 수 없는 절망에 마주할수록 되레 초연해진다. 눈물 없는 슬픔이 존재할 수 있냐며 의구심을 품어온 내가 이제야 그 뜻을 온전히 이해할 수 있었다.

울다 지쳐 잠든 엄마를 한동안 바라봤다. 수십만 가지의 추억이 주마등처럼 스쳐 지나갔다.

운명 앞에서 한낱 인간인 내가 할 수 있는 유일한 일은 실존하는지도 모를 신에게 제발 이를 데려가지 말아 달라 빌고 울부짖는 것이었다.
영원이란 건 세상에 존재하지 않다는 것을 알면서도 막상 상황이 닥쳐오면 현실을 미치도록 부정하고 싶을 때가 있다.

'왜 하필…'

때론 알 수 없는 까닭을 곱씹으며 하늘에 원망이 들다가도 이런 생각 자체가 부질없다는 결론을 내리며 마음을 가다듬는다. 결국 우리는 자연의 순리에 순응하며 살아가야만 하는 존재이니까.

예기치 못한 사건은 늘 우리 앞에 일어나고 있다. 그럴수록 이성의 끈을 놓지 않으려 노력해야 한다. 그것이 숙명이다.

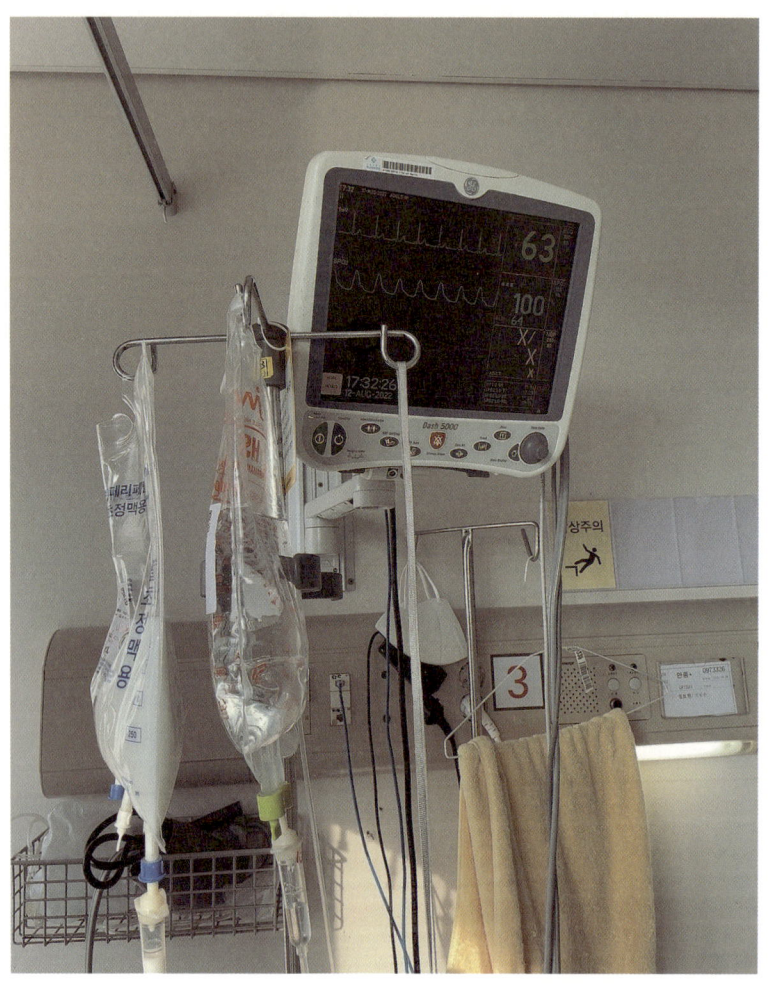

뜨거웠던 여름 아래

기적
[Jonas Brothers - Summer Baby]

엄마는 암이 퍼진 쓸개를 떼어내는 수술을 하자 38kg까지 살이 빠졌다.

수술 후 쉴 틈 없이 곧바로 항암 치료에 들어갔다. 강도가 가장 약했음에도 불구하고 손이 갈라지기 시작하더니 발까지 물집이 나면서 터질 듯이 몸이 부었다.

어딘가에 닿는 것조차 아파하던 엄마의 표정이 아직도 생생하다. 그는 속이 메스꺼워 토하기에 이르렀고 까무잡잡해지는 피부를 보며 속상해하는 날이 많아졌다.

"예뻐. 거울 닳겠다."

그에게 할 수 있었던 최선이었나. 그 사실이 슬펐다.

그런 나를 보며 엄마는 묵묵히 자신의 길을 갔다. 비가 오나 눈이 오나 매일같이 운동하며 체력을 길렀고 항암에 좋다는 마늘과 생선을 꾸준히 섭취하며 회복에 집중했다.

1년이 지났다.

우린 일상으로 돌아갔다. 2회차 인생이 시작됐다며 농담하는 여유도 생겼다.

엄마의 행동 하나하나에 신경이 곤두서 모든 것들을 직접 해야만 마음이 놓였다면 이제는 그가 스스로 할 수 있도록 하게끔 기회를 양보하기도 한다.

그는 어떠한 시련이 닥쳐도 두렵지 않다고 했다. 매일 아침 동이 트는 새벽 공기를 마시며 주어진 오늘에 최선을 다하겠다고 전했다.

나도 웃으며 말했다.

"엄마에게 기적은 늘 존재했고 난 그 기적을 늘 봐 왔어. 그러니 내 손을 잡아."

치디찬 얼음장 같던 내 세상에 새싹이 났다. 적당한 햇살과 물이 만나 따뜻한 토양이 만들어졌다. 내달에는 꽃이 필 예정이다.

아, 나무도 자랄 것이다.

스포일러
[Calvin Harris - Feels(Feat. Pharrell Williams, Katy Perry, Big Sean)]

긴장감이 흐르는 영화를 볼 때면 결말이 궁금해 네이버 검색창을 띄웠다 나가기를 반복한다. 응원하는 주인공이 해피엔딩(Happy Ending)으로 막을 내릴지 아닐지에 대한 호기심 때문이다.

'만약 주인공이 다른 선택을 했다면 행복할 수 있었을까. 나였다면 어땠을까.'

최근 들어 새드엔딩(Sad Ending) 작품들을 대거 보다 보니 이처럼 막연한 상상에 잠길 때가 종종 있다.

우리의 생에 끝이 있다는 것을 알아채고 나면 모호했던 삶의 기준이 보다 명확해진다.

해야만 하는 일과 하지 않아도 되는 일에 대한 구분.
자신감과 자만심의 경계.
잘하는 것과 좋아하는 것의 통찰.
배려인지 무례인지에 대한 객관화.
고유의 지조와 줏대의 필요성.

옳고 그름의 방향.

삶의 끝자락에서 바라보는 시선은 갈림길의 연속인 우리의 삶에 윤활제(마찰을 막고 녹아 붙는 것을 방지하기 위한 물질)와 같은 역할을 한다.

혼란과 불확실성이 난무하는 삶일지라도 어떤 선택을 하느냐에 따라 바꿀 수 있는 것도 삶이다.

오래도록 기억하는 법
[Tom Grennan - Little Bit of Love]

성인이 된 후 할머니를 모시고 떠난 첫 여행지는 김해 진영과 불과 1시간도 채 안 되는 거리의 부산이었다.

"지금 날씨에 동남아 해외여행 가면 딱인데! 하다못해 제주도라도 가면 얼마나 좋아."

큰맘 먹고 비행기를 태워드리려 했지만 고집을 꺾지 않는 할머니를 향해 입이 삐죽 나왔다. 그렇게나 가 보고 싶은 곳이 어디냐는 말에 할머니는 용두산 공원을 가리켰다.

"여 걸었을 때가 할매 인생에서 가장 좋았거든. 손녀캉 딸내미캉 온 게 꿈이가 생시가. 참말로 내 인생에 이런 봄날도 다 있대이."

자식 키우며 살다 보니 어느새 60년의 시간이 흘렀다고 했다. 언젠가부터 일상을 벗어나는 것은 할머니에게 너무나 큰 도전으로 다가왔다고. 그래서 이 가까운 부산으로 가는 버스도 선뜻 타지 못했다고 말씀하셨다.

여행 내내 할머니의 입가에는 미소가 떠나질 않았다. 봤던 걸 또 보고 걷고 또 걷고 수십 장의 사진을 남기며 그 시절과 분위기에 취해 계셨다.

함께할 수 있음에 감사했다. 우리가 언제 또 원하는 곳에 모여 무탈하게 걷고 맛있는 것을 함께 즐길 수 있을까 싶어서. 날것의 감정을 오래도록 간직하고자 급히 메모장을 켰다.

삶은 영원하지 않기에
찰나의 모든 감정을 온전히 느끼자.
감정 하나하나가 소중하니까.
다 마땅한 의미가 있는 것들이니까.

모퉁이
[비비(BIBI) - 가면무도회]

모든 이들이 내 사람이 될 수는 없다. 저 사람이 모퉁이를 돌았을 때도 여전히 같은 표정을 짓고 있었으면 좋겠다고 생각했다.

하지만 내 마음처럼 안 되는 것이 타인의 마음이다. 온전히 같아질 수 없다.

시시각각 사람의 마음은 변한다. 오늘은 바다에 뛰어들고 싶다가도 내일은 산에 오르고 싶은 것이 사람 마음이다. 그땐 옳다고 여긴 것이 지금은 틀릴 수 있다. 인간관계도 마찬가지다. 권태롭다가도 설렘을 느끼고 좋다가도 싫어질 수 있다. 그것이 마음의 본질이다.

그래서 타인의 마음을 얻기란 축복과도 같다. 나만 부단히 노력한다고 해서 되는 것이 아니다. 결국 관계에서 말하는 행복은 변하지 않는 마음이 아니라 의지와 포용이다. 다름을 이해하고 맞춰 가는 것이다.

그렇다면 끊임없이 출렁이는 마음에도 불구하고 연은 이어진다. 이를 깨닫는 날 비로소 여일한 삶이 찾아온다.

때로는 T가 좋아요
[John Legend - You Deserve It All]

인생에서 가장 쓸쓸했던 스물여덟의 생일날이었다.

밤새 그의 연락을 기다렸지만 끝내 오지 않았다. 이미 등을 돌린 이에게 무언가를 기대하는 것은 마치 메마른 강에 그물을 던지는 것과 같다고 느꼈다.

"주인공 없는 드라마 본 적 있어? 스토리 전개가 안 되잖아. 엑스트라는 없어도 돼. 대신 주인공이 빠지면 섭섭하지."

생일 밥을 거하게 차려 주신 식당 이모의 말이 가슴을 울렸다. 그래서 퇴근하던 길, 동네 빵집에서 작은 타르트를 샀다. 이날은 1년간의 미국 생활 가운데 나를 위해 처음 돈을 쓴 날이었다.

어둠이 가득했던 방 안이 환한 촛불로 채워졌다. 눈물이 나왔다. 이런 내가 가엽다가도 청승을 떠는 것처럼 보였다. 감성에 죽고 감성에 사는 내가 이럴 땐, 이성적인 현실주의자가 낫다고 생각했다.

첫 번째, 지나간 것을 지나치게 낭만화하지 말 것.
두 번째, 당장 불가능한 것을 욕심내다 나를 불행하게 만들지 말 것.
세 번째, 지금 이 순간 최대한의 행복을 찾을 수 있도록 노력할 것.
네 번째, 나를 망가뜨리면서까지 견뎌내야 할 관계는 없다.

그러니 나를 잃지 말 것.

이기적인 바람

[Alexander Jean - Whiskey and Morphine]

이기적인 바람이지만 내 세상은 따뜻했으면 좋겠다. 나와 함께하는 모든 이들이 행복했으면 좋겠다. 영원한 건 이 세상에 없다는 것을 알면서도 영원했으면 좋겠다는 억지를 부려본다.

요즘 어리광이 부쩍 늘었고 한없이 바라는 것이 많아졌다.

의외로 많은 이들이 바라는 것은 원대하거나 거대한 기적이 아니다. 평범한 삶이 세상에서 제일 어렵다는 어른들의 말에 고개를 끄덕인다.

단순한 삶이 아름다운 것은 분명하다. 그러나 이러한 삶을 가꾸려면 비움의 마음가짐이 필요하다. 저마다 마음을 수련해야 하는 이유다.

뜨거웠던 여름 아래

운명
[Taylor Swift - Cruel Summer]

"주 기자, 다시 한번 생각해 보는 것이 어때?"

특파원을 포기했다. 이는 살아온 인생에서 가장 어려웠던 결정이었다. 이를 위해 지금까지 달려온 여정이 주마등처럼 스쳐 지나갔다.

이사님은 고민할 시간을 주겠다고 했지만 끝내 제안을 거절했다. 더 소중한 것을 지켜야 한다고 다짐했다. 그럴 수만 있다면 꿈을 저버린다 해도 괜찮다고 여겼다.

나는 과연 어떤 결말을 바란 걸까.

뜨거웠던 여름 아래

할 수 있는 거라곤 적막한 밤거리를 진종일을 걷는 것이었다. 물집이 터지고 피딱지가 생기기를 반복했다. 이렇다 한들 괴로움을 떨쳐버릴 수 있다면 다행이라 다독였다.

씁쓸하게도 세상은 아무 일 없듯이 돌아갔다.
그래서 나도 나아가야 했다.

한동안 놓았던 영어 공부를 다시 시작했다. 집에만 있다간 우울함이 나를 집어삼킬 것 같아 활기를 불어넣기 위해 새벽 운동도 실천했다.

엄마는 충분한 휴식을 취하는 것이 어떠하냐고 물었지만 이렇게라도 삶의 의지를 찾는 것이 나를 위로하는 방식이라고 생각했다.

마음의 여유를 가지는 것은 여전히 어렵지만 나를 위해 무엇이라도 해 보려는 자신이 기특했다.

이를 계기로 직업도 바꿨다.

오랜 시간 해 왔던 일을 내려놓는다는 것은 사실 새로운 일에 뛰어드는 것보다 더 큰 각오가 필요했다. 지난 6년간 나는 진심으로 언론직을 사랑했다. 그래서 웃으며 손을 뗄 수 있었다. 처음으로 나의 노력을 인정했던 순간이었다. 노력과 결과는 비례한다는 말을 나는 이제야 믿는다.

뜨거웠던 여름 아래

우린 언제나 선택의 기로에 서 있다. 매 순간의 결정이 운명을 바꾼다. 그 선택이 사소한 것일 수도 있고 인생을 좌우할 만큼 중대할 수도 있다.

그러나 이들의 공통점은 그 깊이와 관계없이 당시 내가 할 수 있던 최선이자 우선순위였다는 점이다. 다시 과거로 돌아간다 한들 나는 주저하지 않고 같은 선택을 할 것이다. 그러니 그때의 판단에 대해 의심하지 말고 당시의 나를 믿으면 된다.

버겁다는 것은 익숙하지 않은 일을 해나가고 있다는 의미다. 나의 선택으로 마주하는 새로운 운명을 겸허히 받아들이고 그 시간을 나답게 보내면 된다. 그러다 보면 자연스레 또 다른 기회가 찾아온다.

그렇기에 운명은 타고나는 것이 아니라 만드는 것이다.

One for All, All for One
[Charlie Puth - One Call Away]

'One for All, All for One.'

이는 영화 '라이언 일병 구하기'의 슬로건(slogan)으로 꼽힌 문장이다. 한 사람은 모두를 위하고, 모두는 한 사람을 위한다는 뜻이다.

라이언 일병 한 명을 구하기 위해 많은 이들이 목숨을 바쳐 희생했다. 그들은 이를 위해 먼 길을 걸어왔고, 이제는 그를 구해야만 하는 진정성 있는 이유도 찾지 못한 채 전진했다.

밀러 대위가 동료를 포기하면서도 라이언을 구하려 했던 그 마음은 과연 무엇이었을까.

동정이었을까,
연민이었을까.
아니면 그래야만 한다는 의무감이었을까.

개인주의와 공리주의적 성향이 만연한 지금의 시대에서 이 같은 마음을 갖기란 결코 쉽지 않다.

삶이란 불완전한 다리를 건너는 것이다. 언제 부서질지 모르는 발판을 밟아가며 그렇게 헤쳐 간다. 누군가 먼저 걸었을 이 다리에는 중심을 잃고 흔들리기 쉬우니 주의를 요하는 문구가 새겨져 있는가 하면, 거센 바람이 부는 구간에는 탄탄한 밧줄을 엮어 만든 보호대가 있기도 했다. 다리를 중간쯤 건널 무렵 뒤따라서 오는 사람은 무탈할까 확인하는 나를 발견한다.

삶이란 이런 것이다.

시간적, 공간적으로 떨어져 있다고 해서 혼자가 아니다. 각자 개별적인 환경에 있으면서도 사람은 사회적인 존재이기에 외떨어져 살면서도 다 얽혀 있다. 이것이 사람이다.

나는 늘 그것을 의식한다. 은연중에 우린 서로에게 기대고 서로를 받쳐주고 있다. 그래서 인간이란 사람과 사람의 관계를 포괄하는 존재라 여긴다.

한 사람은 모두를 위하고, 모두는 한 사람을 위하는 세상이다. 그래서 지구는 둥근 게 아닐까.

나의 이별
[후샤 - Those Bygone Years(Na Xie Nian)]

고즈넉한 인내(忍耐)는 사랑이다.
때가 될 때 떠남은 자비(慈悲)다.

오기로 끊어내는 것은 기만(蔑視)이다.
끝내 떠나지 못함은 연민(憐憫)이다.

머무를 땐 온전한 사랑으로,
떠날 땐 자비롭게 떠나가야 한다.

그것이 내가 택한 이별이었다.

떠난 이의 몫
[Andy Grammer - These Tears]

길거리를 걷다 우리가 즐겨 들었던 노래가 나올 때면 끝날 때까지 멈춰 선 적이 있다. 신호를 기다리다가도 네 취향의 옷을 입은 사람이 지나가면 혹시 네가 아닐까 고개를 돌려 재차 확인하기도 했다. 언젠가 한 번은 네가 너무 생각나서 먹지도 못하는 콩국수와 냉면을 시켜 보기도 했다.

잊고 싶다가도 진짜 잊어버릴까 두려웠다. 죽도록 미워서 욕을 하다가도 너를 증오하는 내 모습이 괴로워 미친년처럼 울었다. 그러다 너와의 추억이 떠오르면 피식하고 웃었다.

내가 알던 그 시절의 너는 더는 이 세상에 없다는 사실을 수천 번 되뇌었다. 그럴수록 매초마다 멍이 드는 기분이었다.

너는 나의 청춘이었기 때문이다.

그래서 너를 도려내는 것은 애초부터 불가능하다는 것을 알아차리고선 그냥 그 자리에 두기로 했다.

가장 젊은 날,
서로의 자극제였고 전우이자 원동력이었다는 것을 떠올리며 미소 짓는다.

아울러 너의 모든 여정에 행복을 빈다.

이 또한 나의 몫이다.

내일이면 추억이 될 오늘을 위하여
[데이식스(DAY6)-한 페이지가 될 수 있게]

무언가 간절히 바라던 것을 성취해 보기도 했고 도전에 목말랐던 청년으로서 세계를 돌아보며 꿈을 키웠다. 길 위에서 만난 한 명 한 명에게 온 마음을 쏟아가며 인연을 이어갔고 영원한 것은 없기에 모든 찰나를 소중히 여겼다.

그럼에도 세상은 마음처럼 흘러가는 곳이 아니기에 고난과 역경은 늘 존재했다.

인생의 전부였던 이를 떠나보내며 눈물 없는 슬픔을 겪어보기도 했고 삶의 방향을 잃어버린 채 배회하기도 했으며 지금까지 품은 모든 것들이 어쩌면 나의 허상이 아니었을까 좌절키도 했다.

한 시절을 마무리하며 깨달은 것은 내 앞에 일어나는 모든 일들은 흘러가는 대로 두는 것이 정답이라는 것이었다. 내 것이 아니라면 억지로 부여잡고 있어도 떠나가며 내 것이라면 애쓰지 않아도 굳건히 같은 자리에 남아 있다.

이 또한 운명이겠거니 받아들이고 주어진 시간에 취해 살다 보면 또 다른 세상이 열린다.

그러니 슬픈 기억은 행복의 홍수 아래로 가라앉히고 좋은 기억은 심장에 새긴 채 나아가자.

뜨거웠던 여름 아래

그대들의 전진을 향해 잔을 든다.
내일이면 추억이 될 오늘을 위하여.

Epilogue

찰나를 소중히 여겼다. 모든 감정은 마땅한 의미가 있는 것이니까. 그래서 글을 썼다. 지나간 시절을 언제든 꺼내볼 수 있고 회상할 수 있다는 것은 참 귀하디귀한 일임이 틀림없다.

서른이 되기 전 이 모든 것들을 책으로 엮었다. 지구를 여행하며 느낀 것들, 수차례 실패를 거듭하며 쓴맛과 단맛을 맛봤던 순간들, 길 위에서 만난 인연들과 헤어짐이 반복된 필름의 조각들로 채워졌다.

이 책을 보는 모든 이들이 기억했으면 좋겠다. 살아가며 마주하는 행복과 고난은 자신이 감당할 수 있는 만큼의 크기로 찾아온다. 그러니 새로운 것을 두려워 말고 상처받는 것을 겁내지 않았으면 좋겠다.

매 순간 변하는 계절처럼 사람에게도 각자만의 계절이 존재하며 나 또한 늙어가고 변해간다.

하지만 본연의 것은 그대로인 사람이 되고 싶다.

누군가에게는 든든한 딸이자 기대고 싶은 존재이고 싶다. 때론 강하게 질타하고 비난하더라도 묵묵히 곁을 지키는 온전한 편이 되고 싶다. 떠올리는 것만으로도 상처를 치유해 주고 목소리만으로 힘을 줄 수 있는 그런 사람이고 싶다.

오랜 시간이 흘러도 곁을 지켜주는 모든 이들에게 그런 이로 남아 있겠다고 다짐한다.

이만 뜨거웠던 여름 아래 시작된 이 여정에 안녕을 고한다.

붉은 빛이 만연한 그레이트 오션 로드에서

뜨거웠던 여름 아래

Epilogue

뜨거웠던 여름 아래

Epilogue

뜨거웠던 여름 아래